AF262350

SUR

Mgr LE DUC DE BERRY.

Par le Cte A. de PASTORET.

LU LE JEUDI 16 MARS 1820,
A L'ASSEMBLÉE GÉNÉRALE DE LA SOCIÉTÉ PHILANTROPIQUE,
DONT MONSEIGNEUR LE DUC DE BERRY ÉTOIT PRÉSIDENT.

A PARIS,

CHEZ LE NORMANT, IMPRIMEUR-LIBRAIRE,
RUE DE SEINE, N° 8, FAUBOURG SAINT-GERMAIN.

MDCCCXX.

SUR

Mgr LE DUC DE BERRY.

Notre protecteur a péri, Messieurs; le poignard de la faction révolutionnaire est venu jusques aux degrés du trône essayer encore du meurtre d'un Roi! La France entière a demandé vengeance; mais la punition tardive de tant de maximes coupables, de tant de projets ennemis nous rendra-t-elle jamais le Prince que nous avons perdu?

Et, Messieurs, qui plus que nous auroit le droit de le pleurer? Qui plus que nous a dû l'aimer et le bénir? Les soldats, dont à tous les âges il a chéri la gloire; le peuple, au milieu duquel il se mêloit comme un Français de plus; la Cour, dont il étoit l'âme et l'espérance, ont eu d'autres moyens de le connoître; ils n'en ont pas eu plus de l'aimer. Noble cœur, dont tous les mouvemens étoient généreux, dont toutes les émotions étoient vraies, dont tous les sentimens étoient bons! Heureux qui a pu le connoître ! malheureux qui n'a pu se placer au devant du poignard ! malheureux qui, destiné à lui survivre, portera long-temps après lui le regret de tant de bontés et de tant de douleurs !

En entrant dans cette enceinte où la voix de M. le duc de Berry semble retentir encore, en contemplant ce siége où naguère encore il venoit s'asseoir au milieu de nous, à ce triste appareil, à ces crèpes funèbres vous aurez cru, Messieurs, que le vœu de votre cœur pourroit être rempli, et que du moins ce nom, autrefois si cher, et si saint aujourd'hui, seroit accompagné de toute l'expression de nos regrets et de nos douleurs. Non, Messieurs ; n'attendez ni discours ni éloges : d'autres auront plus de courage peut-être ; mais ici, Messieurs, mais au milieu de vous qui le connoissiez, mais si près de la place où nous l'avons vu, nous ne pouvons que parler de lui, le bénir, et pleurer. Du moins, nous l'aimions tous, et nous pleurerons ensemble.

Charles-Ferdinand de France, duc de Berry, étoit né à Versailles, le 24 janvier 1778. Quatre années n'étoient pas

écoulées depuis que s'étoit ouvert ce nouveau règne appelé par tant d'espérances
et dévoué à tant de misères. Un Roi jeune
et vertueux étoit sur le trône : une Reine
adorée, que tout l'éclat de la jeunesse,
que tout le charme de la beauté embellis-
soient alors, alloit donner à la France un
nouveau gage, non d'un bonheur qui n'a
pas dépendu d'elle, mais de la clémence
du Très-Haut. Des générations nombreuses
de princes et de héros venoient s'asseoir
sur les marches du trône; les petits-fils de
Condé naissoient pour soutenir l'étendard
des lis ; les enfans du Régent appuyoient
leur illustration sur les vertus de Pen-
thièvre ; et l'auguste fécondité de la Reine
sembloit promettre de dignes chefs à la
noble famille qui lui promettoit de dignes
défenseurs. Quelques années après, un
dauphin naquit : un frère encore le suivit
de près. Reportez vos regards vers cette
époque, dont trente années seulement nous
séparent. Rappelez-vous cette cérémonie
où la Reine, fière de son bonheur de mère
et de ses espérances de reine, le front
radieux, les oreilles charmées de tant d'ac-

clamations et de transports, alloit offrir au Ciel ses actions de grâces et les vœux de la France. Belle, jeune, adorée, elle tenoit son fils dans ses bras; et sa fille, et ses frères, et onze princes de son sang se pressoient autour d'elle. Trente années après, les générations étoient éteintes, et si un complot funeste eût été pressé de quelques jours, les derniers restes de la royale famille n'eussent pas même trouvé de sépulture, et l'usurpateur eût, aux portes du Louvre, reculé devant le cercueil abandonné de nos Rois.

Placé comme le duc de Bourgogne sous la direction de l'un de ces hommes excellens dont le nom seul est un éloge, M. le duc de Berry passa, comme le duc de Bourgogne, ses premières années dans les études de son âge. Vif et animé, comme le petit-fils de Louis XIV, il ne dut, comme lui, ses mouvemens impétueux qu'à la vivacité d'un sang dont l'âge n'avoit point tempéré la chaleur; mais il n'eut ni cette hauteur de langage, ni cette roideur de caractère dont Fénélon lui-même eut peine à corriger son élève. Jamais ni les enfans de son gouverneur, ni le jeune ami qu'il trouva près de lui, n'eurent qu'à bénir son aimable caractère. On parloit de lui au Dauphin, et le Dauphin y trouvoit de l'émulation sans jalousie : on lui parloit du Dauphin, et il s'efforçoit d'être encore meilleur pour le mieux servir. Cet esprit si vif et si facile qui le distinguoit, cette conception rapide, cette heureuse capacité d'apprendre et de retenir, lui avoient, jeune encore, donné l'instruction que Fénélon recommandoit à son élève. La nature avoit fait plus, elle lui avoit donné un cœur dont rien ne fatiguoit la bonté : c'étoit déjà le cœur de Henri IV et l'esprit de François Ier.

Alors éclata la révolution. Les princes, frères du Roi, en avoient dénoncé les symptômes ; le prince de Condé en avoit proclamé les dangers : ils quittèrent la France, et le duc de Sérent conduisit à Turin M. le duc d'Angoulême et M. le duc de Berry, comme autrefois Tanneguy du Châtel déroba au fer des révoltés ce Charles VII, qui devoit être un jour l'espoir de la monarchie. Turin, où avoient régné trois princesses de France, fut pour eux une terre hospitalière. Bien des événemens ont détruit sa prospérité, bien des révolutions ont changé sa fortune; mais, naguère encore, et dans les rangs élevés, comme dans les rangs inférieurs, le souvenir des princes y demeuroit conservé; et, plus d'une fois, en parlant de leur séjour, de touchantes acclamations se joignoient encore au nom du jeune prince Charles de France.

Cependant la guerre étoit déclarée. En Suède, ce magnanime Gustave qui vécut, qui mourut comme notre prince, Catherine en Russie, l'Autriche et l'Angleterre avoient, après de longues négociations, levé l'étendard qui ne fut pas assez long-temps celui des Rois. La campagne de 1793 avoit été désastreuse pour l'armée réunie sous les ordres de M. le prince de Condé. Le danger croissoit : M. le comte d'Artois pensa que ses fils devoient y être, et, le 28 juillet 1794, M. le duc de Berry arriva au camp de Mulheim. *Monsieur*, lui dit en le recevant M. le prince de Condé, *je crains que nous ne fassions pas aussi bien pour vous cette année que l'année dernière, mais ce n'est pas notre faute..* Le jeune prince se jeta dans les bras du vieillard : il venoit, nouveau chevalier, recevoir de ses anciens de gloire le droit de combattre avec eux ; et, quand on lui présenta les officiers, les généraux, cette foule de serviteurs fidèles qui se pressoient autour de lui, on eût dit, en voyant sa jeune figure et leurs visages noircis de fatigue, qu'il étoit leur enfant, mais leur maître et leur espérance.

Un autre enfant cependant, bien plus jeune, bien plus infortuné, ce second Dauphin, qui fut sitôt appelé au malheur de la couronne, luttoit alors contre la douleur et contre la destinée ; grand et misérable exemple que Dieu vouloit donner aux hommes de tout ce que peut permettre à leurs fureurs son éternelle justice! Il mourut cet enfant, et M. le duc de Berry fut, au camp de Steinstadt, chargé d'annoncer à l'armée son nouveau malheur. Vers le milieu du jour les troupes prirent les armes ; un bois les couvroit ; le fleuve couloit devant elles ; un autel étoit dressé sur une colline : là, monta le jeune homme, accompagné du vieux prince de Condé, de M. le duc de Bourbon, de M. le duc d'Enghien, noble cortége d'amitié, d'honneur et de gloire ; là, ils s'agenouillèrent au pied de la croix (1), et l'armée entière, prosternée avec eux, éleva au ciel les dernières prières pour l'Enfant-Roi qu'ils n'avoient pu sauver ; là, M. le prince de Condé, appuyé sur son épée, proclama le Roi que nous réservoit la Providence. Moins heureux que son aïeul, disoit-il, il n'avoit pu signaler un avènement par une victoire : mille cris de *vive le Roi!* répondirent au cri proféré par M. le duc de Berry, et si, de l'autre côté du fleuve, quelqu'un d'une autre armée, non moins brave, mais plus heureuse, demanda comment des soldats déjà poursuivis, déjà sans paye, sans habillement, sans secours, jetoient de pareils cris de joie ; on put lui répondre : c'est qu'ils se reconnoissent un nouveau devoir.

Six années de guerre et de combats suivirent ; six années de revers sur les champs de bataille, de privations dans les camps, de chagrins et de mauvais traitemens dans les négociations : il n'en faut pas tant pour

____

(1) 16 juin 1795.

lasser des soldats ordinaires, mais ceux-là
demeuroient fidèles ; il n'en faut pas tant
pour former un grand homme, et M. le duc
de Berry ne repoussa rien de cette longue
expérience. Soldat ou général, volontaire du
corps noble ou colonel de la cavalerie entière,
il fut jusques au dernier jour tout ce qu'il avoit
promis, tout ce qu'il devoit être. *Mon cousin,*
écrivoit-il en 1794 au prince de Condé, *j'ai
une grande impatience de vous revoir, vous et
tous les gentilshommes que vous commandez ;
vous trouverez en moi la même soumission
et le même zèle.* Interrogez tous ceux qui le
virent alors ; parlez-leur de ses dangers,
de ses efforts, de sa longue constance ; et,
si leurs regrets ne les interrompent, ils
vous diront ce qu'étoit *ce Charles, espoir
de sa famille* (1). *Intrépide à la guerre,
décisif dans les conseils, supérieur aux
autres par la noblesse de ses sentimens, sans
hauteur, sans présomption, sans dureté ;*
tout ce qu'avoit été saint Louis à son âge (2),

---

(1) Lettre de Mme Victoire au prince de Condé,
novembre 1795.

(2) Fénélon au duc de Bourgogne, tom. III,
pag. 520.

comme lui le plus brave, et comme lui le meilleur. Kehl, où il partageoit avec tant de gaîté les fatigues et les privations des soldats, Waldau et Saint-Mergen, dont l'épée à la main il emporta les redoutes successives; Steinstadt, où il se jeta le premier au milieu du feu le plus vif, rassembleront leurs souvenirs en témoignage; l'armée entière, qui n'a pas besoin de parler de son courage, parlera de sa bonté, de sa franchise, de ses élans chevaleresques. Les prisonniers demandoient à le voir, les soldats l'entouroient à l'envi, son nom étoit à la fois un signal d'union et de courage : il avoit dix-neuf ans alors, et MONSIEUR, doublement fier de se voir revivre, sentoit encore, relégué qu'il étoit sur la mer d'Ecosse, une joie plus que royale à dire au prince de Condé : *Vous êtes content de mon fils* (1).

Bientôt pourtant les événemens de la guerre, les chances d'une politique, encore inaccoutumée à de si grands bouleverse-

______

(1) Lettre de MONSIEUR à M^r le prince de Condé, novembre 1796.

mens, éloignèrent l'armée de Condé des lieux où elle avoit acquis le plus de gloire. Le *vieux drapeau blanc* (1) quitta les rives du Rhin : et si les guerriers qui l'avoient constamment suivi éprouvèrent un moment de joie en pensant qu'ils n'auroient plus de Français à combattre, les guerriers qui marchoient sur l'Allemagne purent se tenir assurés de la conquête, puisqu'ils n'avoient plus de Français devant eux. Paul accueillit en Russie ces grands débris d'une grande infortune, et M. le duc de Berry quittant la paisible cour du Roi son oncle, obtint la permission d'aller, au fond de la Volhynie, rejoindre ses compagnons de fidélité, de malheur et de gloire (2). Vive Dieu ! disoit Henri IV, un jour de bataille, je vous ferai bien voir que je suis l'aîné de la famille ! Et ce fut surtout aux jours du malheur que le petit-fils de Henri IV voulut être de la famille de ceux qui souffroient. Sous un ciel rigoureux, avec trente degrés de froid,

---

(1) M͏ʳ le duc de Berry, en parlant de M͏ʳ le prince de Condé.

(2) 29 octobre 1798.

éloignés de la capitale de cet empire, plus éloignés encore de leur Roi, de leur patrie, de leurs affections les plus chères, ces hommes, qui n'avoient qu'un devoir, achetoient, par la discipline la plus sévère, le droit de vivre fidèles ; ils souffroient, mais ils étoient ensemble ; on les fit partir, ils partirent ensemble, toujours unis, toujours résignés : et quand le retour du 25 août (1799) amena l'anniversaire de la fête de tant de grands Rois, ils s'arrêtèrent ensemble sur les chemins de Bohême : un aumônier fit entendre les saintes prières, et, dans ce pays éloigné, entourés de paysans qui ne pouvoient les comprendre, appelés à une destinée, peut-être à des malheurs qu'ils ignoroient, ils s'agenouillèrent, leur Prince à leur tête : ils prièrent ; les paysans s'émurent à ces chants religieux : c'étoient les exilés, implorant sur la terre étrangère le Dieu de leur patrie pour le Roi de leurs aïeux.

Le lendemain de ce jour, M. le duc de Berry entra dans Prague (1), où M. le

---

(1) 26 août 1799.

prince de Condé l'attendoit. Le régiment noble le suivoit : c'étoient de vieux serviteurs, des guerriers qui avoient connu plus d'une victoire, des hommes qui gardoient plus d'un souvenir, tous à pied, la tête haute, le visage serein, portant, sans se plaindre, à la fin d'une vie de commandement ou de plaisirs, le sac et le fusil des soldats ; mais conduits par un sentiment que respectoit le malheur, par un espoir que Dieu soutenoit, par un Prince qui vivoit pour eux.

Mais ces nouvelles preuves de dévouement n'étoient plus nécessaires ; et pendant que l'armée de Condé venoit chercher en Suisse *l'occasion de réunir l'arc de Guillaume Tell au panache de Henri IV, de reconquérir à la fois la couronne et la liberté* (1) : pendant que M. le duc de Berry, soldat sous le rigide Suvarow, venoit remplir le devoir qu'il s'étoit si généreusement tracé lorsqu'il écrivoit à M. le prince de Condé : *Il faut que les Bourbons se montrent et beaucoup ; il faut hors de France*

----

(1) Lettre du Roi à M^r le prince de Condé, janvier 1798.

qu'ils commencent par gagner l'estime des Français avec leur amour (1); reparoissoit du fond de l'Orient l'homme devant qui l'Europe, en le voyant de retour, sentit, comme malgré elle, que ses destinées ne lui appartenoient plus. L'armée de Condé fut dissoute : le continent européen trembloit en quelque sorte sous les pieds des princes à qui la France se fermoit pour si long-temps, et l'Angleterre seule offroit encore à l'abri des mers une triste sécurité. Dans cette année si pénible (1801), M. le duc de Berry ne fut plus occupé que de ses compagnons d'armes : à Vienne, à Windischgratz, à Clagenfurth même, tous ses soins, toutes ses pensées, furent pour ceux qui l'avoient suivi. Soldat comme eux, il s'indignoit le jour où il fallut quitter leur uniforme usé dans les camps; prince, il ne se souvint de son rang que pour donner plus de poids à ses prières. Ses chevaux, ses armes, son équipement, furent distribués à ceux que plus de besoins distin-

____

(1) Lettre de M^r le duc de Berry à Mgr le prince de Condé, avril 1797.

guoient seuls entre tant d'infortunés ; mais les mêmes hommes qui naguère accoutumés à toutes les recherches de l'aisance alloient se trouver seuls, errans, isolés, au milieu de contrées que la terreur rendoit ennemies, ces hommes qui n'avoient point de secours, point d'asile, demandoient qu'on ne leur donnât rien, que ce denier du pauvre fût réservé pour ce peu de serviteurs courbés sous le poids de l'âge et de la maladie, que l'on chassoit de Mittaw avec leur Roi outragé. Quels étoient alors les défenseurs et la puissance des fils de saint Louis ? Dans le Nord, un Roi malade et souffrant, un Roi dépouillé de l'hospitalité promise, s'éloigne à pas lents, appuyé sur la fille de son frère assassiné ; derrière lui marchent quelques vieillards si fidèles, qu'ils ne désirent pas encore mourir. Aux frontières de Styrie, les restes de l'armée royale attendent en silence le dernier des revers : leurs cadres sont rompus, leurs étendards jetés au vent, leur fraternité d'armes livrée à l'oubli, leurs princes séparés d'eux. Ils vont partir (1), ils vont errer au hasard,

____

(1) 3o avril 18o1.

avec leur sombre douleur, sans espoir, sans ressources, mais trop Français pour combattre encore s'il faut combattre sans leurs princes, s'il faut servir une autre cause que celle de leur Roi. Ils partent, et le vieillard qui les conduisit si long-temps, et le jeune homme *qui devoit relever l'étendard royal* (1), s'éloignent à leur tour, portant aux rivages d'Angleterre bien moins d'impatience de leur abaissement que de douleur d'avoir perdu tant d'amis.

Depuis lors, et pendant treize années, dans quelque lieu que se rencontrassent deux soldats de l'armée de Condé, le souvenir de M. le duc de Berry les réunissoit d'abord. C'est lui, disoient-ils, qui consoloit nos chagrins ; c'est lui qui égayoit nos marches pénibles ; c'est lui encore qui sentoit avec nous, avant nous, ce que nous pouvions souffrir. Ah ! si notre Charles étoit là !.... Car, pour l'armée comme pour sa famille, pour tous ceux qui l'avoient connu, comme pour son père, il étoit devenu notre Charles.

------

(1) Lettre de M* le prince de Condé à M* le duc de Berry, septembre 1802.

Eloigné, par une nécessité cruelle, des lieux qui avoient du moins le charme de tenir à la France, M. le duc de Berry vint chercher en Angleterre l'accueil dû au petit-fils du prince qui disoit que la France étoit l'asile des Rois malheureux. Soutenu par cette espérance qui ne manque jamais à la jeunesse, presque consolé par le bonheur de retrouver les premiers objets de ses affections, il passa du moins, dans le modeste asile qui lui étoit laissé, des jours tranquilles que charmoient des études, que remplissoient des devoirs. Fils respectueux, qui consacroit à son père une portion de chaque journée, frère tendre et soigneux, qui trouvoit tant de joie à venir dans la solitude de la campagne chercher sa sœur et son frère ; ami si aimable, bienfaiteur si prévoyant et si modeste, il sembloit vouloir reprendre en affection tout ce qu'il avoit perdu en grandeur. Tantôt, pénétrant dans les réduits où se cachoit une noble misère, et retranchant à ses plus simples dépenses dès qu'il avoit trouvé une infortune à consoler ; tantôt, solliciteur généreux, se dévouant aux affaires, aux besoins de ceux qui l'avoient suivi, toujours faisant plus qu'un autre, et toujours affligé de pouvoir si peu, il auroit dit avec Henri IV : *Le Béarnais donneroit plus, s'il avoit davantage,* et ceux qui l'environnoient auroient dit avec le Prophète : *Vos paroles seront ma consolation dans la terre de l'exil.*

Mais ce Prince si bon, ce chef si respecté lorsque, solidaire de l'infortune des autres, il se donnoit tout entier à leurs peines, étoit, dans la société qu'il honoroit de sa présence, aussi remarqué et plus remarquable encore. *Vous avez, plus qu'un autre,* écrivoit Fénélon au duc de Bourgogne, *de quoi contenter le public dans la conversation : vous y êtes gai, obligeant, et, si on ose le dire, très-aimable : vous avez l'esprit cultivé et orné pour pouvoir parler de tout, et pour vous proportionner à chacun : c'est un charme continuel qu'il ne tient qu'à vous de donner* (1) : et ce charme continuel, M. le duc de Berry le donnoit. Ami des arts, qu'il cultivoit avec un succès trop peu

____

(1) Fénélon au duc de Bourgogne, en 1708, t. VI, pag. 256.

connu, des lettres que son esprit facile n'avoit jamais abandonnées, il parloit la langue de Milton, comme celle du Tasse ou de Wieland ; il dessinoit les aspects de la Tamise, comme il avoit, pendant ses campagnes, dessiné ses bivouacs ou ses batailles ; il recherchoit dans l'histoire de son pays la vie des Rois malheureux, qui, destinés à de longues épreuves, n'avoient nourri dans l'infortune que des sentimens d'amour pour la patrie. Monseigneur, lui disoit depuis un homme qui revenoit d'Angleterre, j'ai trouvé à Londres bien des gens qui disent que vous étiez bien bon pour eux. Ah ! s'écria-t-il, et si ç'avoit été des Français...! Combien de fois, en effet, conduit par un instinct que tous les cœurs ont compris, il vint jusques au bord de la mer ! Combien de fois, séparé par quelques lieues seulement de cette terre de ses aïeux, debout, et les yeux fixés sur les falaises blanchâtres de la côte, il contempla cette France si chère, où du moins, disoit-il, où du moins il vouloit mourir ! Hélas ! n'étoit-ce que pour le voir mourir que la France devoit l'appeler !

2.

Deux fois pendant treize années, de vagues espérances de rétablissement avoient retenti dans les cœurs ; deux fois elles avoient été déçues, lorsqu'enfin l'Europe affranchie jeta un cri de surprise et de joie, et la France redemanda ses Rois Français. Ils arrivèrent ; et, comme ils s'étoient partagé les dangers, ils se partagèrent l'enthousiasme et l'amour de ceux qu'ils venoient revoir. *Chère, chère France ! s'écria M. le duc de Berry en descendant à Cherbourg (1), et ses yeux étoient pleins de larmes : chère France ! je te revois ! ah ! nous ne t'apportons que l'oubli du passé, la paix et le désir de ton bonheur. Vive la France ! vivent les bons Normands !* répétoit-il sur sa route ; et ce ciel qui l'avoit vu naître, et ces campagnes où avoit passé son enfance, et ce peuple qui parloit sa langue, et ces espérances qui étoient les siennes, mettoient dans son cœur je ne sais quelle ivresse, que nous éprouvions comme lui. On n'est heureux qu'au milieu des siens, disoit-il, et c'étoient les siens en effet. De toutes parts le peuple

____

(1) 13 avril 1814.

accouroit sur son passage, les gardes natio-
nales lui apportoient leur soumission, les
soldats retrouvoient en lui une assurance
de gloire. Des arcs de triomphe, des fleurs,
des chants, des cris de joie et de bonheur,
tant de souvenirs et tant d'espérances.......
Ah! Messieurs, pourquoi faut-il que je n'ose
en tracer le tableau? ce crêpe funèbre qui
semble être là pour nous, ces prières que
nous venons d'entendre, disent trop haut
qu'il ne faut parler de rien de ce qui fit notre
bonheur; le Seigneur a retiré sa main de
nous, il nous a frappés dans ce que nous
avions de plus cher.

Qui de nous, hélas! même aux jours les
plus désastreux, même en ce funeste mois
de mars (1815), même au moment où la
Patrie cédoit, vaincue par la trahison que
nous expions encore, auroit pu croire que
de plus amères douleurs suivroient les douleurs de ce moment! Vous vous les rappe-
lez, Messieurs, ces jours d'angoisse et de
deuil, cette population consternée de son
impuissance, ces soldats oubliant leur cri
de fidélité au souvenir de leur cri de victoire; ....cidé comme son frère à se

sacrifier pour épargner le sang de ses sujets ; cette Princesse auguste, qui sembloit n'avoir revu la France que pour y rendre aux siens un funèbre hommage; c'est alors que M. le duc d'Angoulême se montroit dans les combats aussi calme que dans les fers ; alors que M. le duc de Berry, moins heureux, puisqu'il ne pouvoit combattre, général trahi, mais plus Français que ceux qui en attachoient le nom à une perfidie, consacroit du moins ses derniers efforts à protéger tout ce qui restoit fidèle. Il partit, et sa secrète douleur, il l'avouoit lui-même, ce n'étoit pas d'avoir perdu le trône, c'étoit d'avoir été trahi par ceux à qui il s'étoit confié. La France qui vouloit être fidèle, la France qu'une poignée de factieux essaie vainement d'associer à ses projets, attendoit avec anxiété le moment de recouvrer ses Princes. Ce moment arriva; ils revinrent avec les mêmes sentimens, avec le même amour. Tel nous avions quitté M. le duc de Berry, tel il reparut alors (1), sans haine, sans vengeance, impétueux, mais

----

(1) 8 juillet 1815.

facile à ramener, franc dans son caractère, plein de raison dans les entretiens sérieux, plein d'esprit dans les autres, bon surtout d'une bonté dont il n'y auroit pas d'exemple, si son père n'en restoit à la fois le type et le modèle. Que de transports nouveaux l'accueillirent alors, et que de sentimens il justifia! Tout ce qui l'a vu, tout ce qui l'entoure s'émeut en entendant son nom. Il est doux d'être aimé comme vous l'êtes, lui disoit-on un jour. En vérité, répondit-il, on a quelque raison de nous aimer, car nous sommes bien Français, et nous sommes de bonnes gens.

Que si depuis son retour, et pendant le peu de temps qu'il nous fut laissé, nous descendions aux détails de sa vie, mille traits viendroient nous révéler son aimable et loyal caractère. Un jour, au milieu d'une chasse, un mouvement d'impatience l'anima contre un des hommes de sa cour. Si vous m'êtes si sévère, dit le comte de B..., je m'en irai. — Hé bien, allez-vous-en. — Et vous en serez fâché. — Certainement non. — Je m'en vais donc, dit le comte. Le soir M. le duc de Berry lui fit deman-

der s'il reviendroit à la chasse ; le lendemain il le fit demander encore : le soir il
l'en fit prier de nouveau. Le comte de B...
arriva, et d'abord M. le duc de Berry s'a-
vançant vers lui : Monsieur, dit-il , puisque
j'ai eu tort, est-ce les bras ou l'épée qu'il
faut que je vous tende ? Ainsi il s'étoit conduit sur les bords du Rhin (1795); ainsi
dans la Wolhynie (1799). — La veuve d'un
officier distingué gémissoit dans l'indigence, et vouloit, pour obtenir un foible
soulagement, vendre à la galerie de M. le
duc de Berry un tableau, seul souvenir de
son époux : payez-en deux fois le prix,
dit le Prince, mais surtout qu'elle le garde
pour penser à celui dont le nom l'honore. —
Le Roi vous donnera une pension, disoit-il
à un vieil officier qui se recommandoit à
lui : vous voyez bien que j'ai mes sûretés ;
je puis vous prêter, et je vais vous payer
votre pension d'avance. — Pourquoi n'as-
tu pas remis ta cotisation à la caisse d'é-
pargne ; disoit-il à l'un des gens de sa maison ?
car vous savez que, toujours occupé des
besoins des autres, il avoit engagé ses do-
mestiques à verser chaque mois dans cette

caisse d'accroissement une cotisation légère, dont il doubloit pour eux le montant. — Monseigneur, c'est que ma femme vient d'accoucher, et qu'il m'a fallu donner tout mon argent pour qu'on ne la mît pas hors de la petite chambre que nous occupons. M. le duc de Berry quitte le domestique, parcourt son palais, appelle, s'informe, découvre une chambre vacante, y fait porter un lit, des meubles, du feu; puis, quand il a tout vu lui-même : écoute, dit-il à l'homme qu'il fait rappeler, il y a là une chambre pour toi; conduis-y ta femme, portes-y ton enfant, on les y soignera, et moi, je paierai ta cotisation à la caisse. — Combien de traits pareils, combien d'expressions de bonté, de force, de droiture, combien d'aimables attentions et d'actions plus aimables encore, nous trouverions dans cette vie, qui fut si peu de temps notre bien! Que de bonheur nous invoquions pour lui, et que de bonheur sembloit lui être réservé, le jour où la politique des Etats amena près de lui cette jeune princesse, alors timide, et charmante, aujourd'hui plus forte que son infortune, digne sang de Louis XIV.

et de Marie-Thérèse, digne de ce qu'elle nous promet et de ce qu'elle a perdu! Ce jour, ce jour de fête avoit semblé consolider les destinées de la France : dans tous les bons cœurs naissoit une confiance égale : nous ne craignions plus, puisque nos enfans devoient avoir pour Roi le fils de 'M. le duc de Berry ; autour de lui se rallioient tous les sentimens et toutes les espérances. Placé entre le trône et la nation, il s'étoit fait l'intermédiaire entre la grandeur et le dévouement, entre le respect et l'amour; pour lui la Cour prenoit une face nouvelle : par lui le peuple retrouvoit des sentimens, si long-temps profanés qu'on les auroit crus oubliés s'il ne les eût fait renaître : il embellissoit le présent de tout ce qu'il faisoit apercevoir dans l'avenir. Qu'ils étoient heureux ceux qui, admis dans son intimité, honorés de sa bonté, témoins de ses bienfaits, ne trouvoient jamais assez d'expression pour une reconnoissance qui s'accroissoit chaque jour, et se sentoient plus fiers de lui tant devoir en retrouvant dans son cœur des émotions qui répondoient aux leurs! combien de fois il leur inspira du respect en écoutant la moindre remontrance, en acceptant les observations les plus humbles! Peut-être si son premier mouvement eût été plus mesuré, le second eût-il paru moins aimable! Il pardonnoit comme Louis XII, il aimoit comme Henri IV. Mon ami, disoit-il à un homme qui avoit l'honneur de l'approcher, si nous devenons vieux, nous ferons du bien ensemble. Eh! quel cœur peut comprendre tout ce que c'étoit que faire le bien, pour M. le duc de Berry!

Vous, Messieurs, cependant, vous aviez plus que d'autres la possibilité de l'entendre, vous qui, depuis si long-temps occupés de l'instruction à répandre, des soulagemens à donner, du travail à faciliter aux malheureux, l'aviez vu se venir asseoir au milieu de vous *pour s'associer à vos travaux* (1); vous qu'il se plaisoit à revoir, vous *auprès de qui*, disoit-il, *il étoit heureux de se retrouver.* Trois fois nous l'avons vu dans cette enceinte offrir, non comme un

______

(1) Mgr le duc de Berry à la Société Philanthropique, mars 1817.

don, mais presque comme un hommage ;
son assistance, ses secours, son affection
même ; trois fois nous avons répété invo-
lontairement, en suivant ses pas : qu'il est
aimable et bon ! Ce n'est plus qu'en mê-
lant ces paroles à d'éternels regrets que
nous le répéterons encore ; mais tant que
notre société subsistera, tant que la charité active et modeste vous réunira dans ces
lieux, tant qu'il y aura des indigens et des
bienfaiteurs, le nom de M. le duc de Berry
reviendra répété par toutes les bouches, et
nous redirons, avec les grands et avec les
pauvres : qu'il étoit aimable et bon !

Vous deviez à M. le duc de Berry, Messieurs, et vos cœurs l'ont bien senti, un
avantage que lui seul pouvoit vous donner,
vous lui deviez la possibilité de remplir,
d'une manière stable, le pieux devoir que
vous vous êtes imposé. Fondée en 1784,
composée dès lors des hommes les plus
distingués par leurs lumières, leur rang et
leur fortune, honorée dès lors de l'assistance du Roi qui la protége encore aujour-
d'hui, la Société Philanthropique avoit péri
dans la tourmente révolutionnaire comme

tout ce qui étoit bien, comme tout ce qui étoit sage et bon. Rétablie au sortir de ces orages par quelques-uns de ses anciens membres qui consultèrent seulement leur zèle, ce ne fut qu'à pas timides et lents qu'elle put marcher vers des améliorations successives. Elle établit d'abord des fourneaux de soupes pour offrir au pauvre un aliment salutaire; puis des écoles pour conserver parmi le peuple des principes de religion et de morale; puis, des dispensaires pour soigner les malades à domicile; puis enfin, elle multiplia ces excellentes sociétés de prévoyance, où, par une facile économie, tant de sages artisans se créent des ressources pour leur âge avancé. Mais, foible dans ses moyens, dépendante dans ses ressources du gouvernement qui avoit laissé tomber sur elle un regard, elle vit, selon qu'elle étoit plus ou moins nécessaire, augmenter ou diminuer les secours qui faisoient le fonds de ses dépenses, et vous pûtes croire même en 1813 qu'elle touchoit, abandonnée pour lors, à son entière destruction. Au retour du Roi et de sa famille, la charité se ranima plus active et plus généreuse que jamais, comme si tous les bons sentimens, toutes les vertus étoient redescendus sur le sol de notre France avec la fille de Louis XVI : vous retrouvâtes de la force alors; mais quand M. le duc de Berry se plaça parmi vous, vous reçûtes de lui une stabilité, une durée, dont les pauvres vous bénissent et le remercient. A ce titre encore, nous lui devrons de nouveaux hommages; à ce titre, nous pourrons graver son nom sur les médailles qui, distribuées aux pauvres pour assurer le débit des soupes préparées dans nos fourneaux, rappeleront à ceux qui pleurent et à ceux qui sont consolés, qu'ils ont perdu leur ami, que nous avons perdu notre protecteur.

Depuis que M. le duc de Berry avoit accepté la présidence de votre Société, Messieurs, chaque année avoit amené de lui de nouveaux bienfaits. Ingénieux dans sa charité, il sembloit chercher des moyens de se la justifier à lui, de la déguiser aux autres. Une année, c'étoient des fonds fixes qu'il assuroit à la Société, des cartes de dispensaires qu'il payoit pour les

laisser dans nos mains (1816); une autre,
c'étoient des souscriptions multipliées pour
associer ceux qui l'approchoient au bien
qu'il répandoit, aux prières qui s'élevoient
pour lui vers le ciel (1817); une autre encore, c'étoient des dons extraordinaires
qu'il plaçoit sous le nom de son auguste
compagne, comme s'il eût voulu partager
avec elle, surtout le bonheur d'être aimé;
c'étoient des secours appliqués aux sociétés
de prévoyance, parce que, petit - fils du
prince qui vouloit assurer à son peuple la
poule au pot, et ne pouvant faire autant
que lui, il vouloit du moins mettre les la-
borieux ouvriers à l'abri de l'indigence
(1818). Toujours, et sans qu'on lui en par-
lât, dès que le froid devenoit plus rigoureux, dès que des besoins plus pressans se
faisoient sentir, c'étoient de nouveaux dons,
des secours multipliés : il sembloit qu'il
devinât la misère : partout où il trouvoit
le prétexte d'être charitable, on le voyoit
arriver presqu'aussitôt que le malheur;
et le malheur étoit consolé. M. le maire,
disoit-il à celui du Iᵉʳ arrondissement, ne
m'épargnez pas, je suis le plus riche du quar-

tier.—Viens, répétoient les indigens entre eux, viens demeurer près de l'Elysée, c'est le paradis des pauvres ; et quand on lui parloit à lui-même de tant de charités répandues, il se détournoit, non sans émotion, mais avec la pudeur du bien qu'il avoit fait. *Excellent en magnanimité et force de courage, doux et gracieux en son accueil fut notre prince, et si charitable envers les pauvres que chascun en avoit grande admiration*, dit un historien : c'est Joinville, et Joinville en parlant de saint Louis (1). M. le duc de Berry avoit suivi les derniers conseils de saint Louis, son aïeul : *Il aimoit son honneur et avoit le cœur doux et piteux aux pauvres* (2).

Déjà, pour le récompenser, le ciel avoit mis auprès de lui la plus aimable des femmes ; déjà, gage d'une postérité qui sembloit devoir être nombreuse, une fille étoit venue, comme autrefois MADAME, annoncer à la France, l'espérance d'un fils et d'un Roi. M. le duc de Berry, chaque jour

____

(1) Chap. 1 et 84.
(2) Chap. 95.

plus connu, étoit plus aimé chaque jour : vous repandiez ses bienfaits ; les soldats voyoient en lui le chef qui leur feroit cueillir les premiers lauriers ; le peuple s'approprioit son nom et ses espérances ; et l'époque de l'année, où les plaisirs sont multipliés par un antique usage, devenoit aussi une époque de fête pour les indigens, que M. le duc de Berry ne pouvoit oublier un moment. Tous alors nous partagions ces mouvemens d'allégresse, tous nous aimions à la lui rapporter. Voilà qu'au milieu de ces fêtes, de ce tumulte, de cette joie, un bruit arrive, consterne tous les visages, glace tous les cœurs : ce bruit veut que, frappé du poignard d'un assassin, M. le duc de Berry lutte contre la douleur, et peut-être contre la mort. A ce bruit, vous le savez, quelle sombre tristesse, quels cris de surprise et de douleur éclatèrent ! Chacun courut : il étoit trop vrai ; et qui parvint jusqu'à lui, qui le vit à demi couché, pâle, sanglant, la mort sur le front, et le sein déchiré, qui put s'approcher de lui, qui put se sentir serrer de sa main défaillante, qui aperçut dans ses yeux un éternel adieu.....

Ah! devoit-il nous être sitôt ravi? Etoit-ce de la main d'un Français qu'il devoit périr!...

Près de lui étoient accourus tous ceux qui lui étoient chers, et sa bouche mourante ne proféra que des paroles de tendresse, que des vœux de piété, que des accens de miséricorde. Grâce! grâce pour l'homme qui m'a frappé! s'écrioit-il, quand déjà la nature défaillante ne laissoit plus de passage qu'à l'expression des derniers vœux; grâce, Sire, je vous en prie, et sa voix déchirante montoit sans doute jusques aux Cieux. Plus ses forces s'affoiblissoient, et plus on auroit dit que le Très-Haut rappeloit à lui son immortel ouvrage. Non loin de là, dans une étroite salle à peine éclairée d'un flambeau, quelques serviteurs fidèles, des hommes qui l'avoient vu naître, des amis qui depuis vingt années mettoient leur bonheur à le suivre, un Prince à qui aussi le crime avoit ravi son fils, attendoient, espéroient, écoutoient, passoient d'un doute, que l'on prenoit pour de l'espoir, à l'anxiété la plus cruelle, se pressoient sur les pas de tout ce qui paroissoit, et, dans un profond silence, pleuroient et prioient en secret plus vivement qu'ils n'eussent prié pour le fils de leur sang. Tout d'un coup des sanglots éclatèrent : tout étoit consommé ; il avoit cessé de vivre. Sur ce lit de douleur, étoit couchée la plus chère espérance de la France : autour de lui, sa femme, son père, son frère, sa sœur, le Roi lui-même, courboient, sous la main qui les frappoit ensemble, leurs fronts accoutumés à la douleur. Déjà les prières se faisoient entendre : tout tomba prosterné. C'étoit aux Français à prier pour lui ; sa dernière parole avoit été pour la France.

Sous les voûtes de Saint-Denis, dans la chapelle de Louis IX, vis-à-vis celle de Louis XII, au-dessus des caveaux où Henri IV semble être revenu prendre sa place pour l'attendre, furent un moment déposés les restes de ce Prince qui étoit bon comme Louis XII, charitable comme saint Louis, qui eût été le Henri IV de notre âge. Là, nous avons tous été porter nos hommages, et répandre l'eau sainte devant celui à qui tout étoit pardonné. Là, j'avois vu trente races de Rois rendues par la terre profane à la piété de leur successeur, venir attendre

de nouvelles prières, et d'inviolables tom-
beaux ; mais ceux-là du moins avoient suivi
l'ordre des âges, et le crime qui n'avoit
pas attenté à leur vie, ne les poursuivit
qu'au sein de la mort. Celui qui venoit
presser leurs rangs, celui qui attendoit
pour descendre avec eux, étoit-il destiné à
partager si tôt la sépulture enfin rouverte !
Je frissonnois en montant ces degrés ; j'en-
trai : à la lueur de quelques lampes, au
milieu de quelques drapeaux, sous une
couronne et sur un tombeau, étoit celui
qui nous avoit aimés. Des hommes, des
femmes, des soldats, des pauvres, des
princes, des enfans, des vieillards, s'age-
nouilloient et levoient au ciel leurs mains
innocentes. Hélas! et qui n'eût eu le cœur
brisé? C'étoit là tout ce qui restoit du
meilleur des hommes, de notre appui, de
notre amour, de notre espérance. Nous
pleurions, quand un des prêtres fit entendre
ces paroles du psaume : - Je rendrai hom-
» mage à ton nom, je célébrerai ta misé-
» ricorde : *Confitebor nomini tuo propter*
» *veritatem tuam et misericordiam tuam.* »
Il me sembla que c'étoit notre Charles lui-

même qui nous réunissoit dans l'avenir ; il nous sembla que c'étoit encore sa voix.

Vous l'entendrez aussi cette voix consolante, et vous ferez pour lui tout le bien qu'avec lui vous étiez si heureux de faire. Vous offrirez à sa mémoire ce tribut que son cœur eût trouvé si doux ; et, jusques au dernier jour, élevés par son souvenir vers de meilleures actions, vers les plus nobles pensées, vous lui reporterez les bénédictions du pauvre, *vous rendrez hommage à son nom, vous vous confierez au souvenir de sa clémence pour sa tranquillité.*

IMPRIMERIE DE LE NORMANT, RUE DE SEINE.